Totuutta kohti

Totuutta kohti

Runoja

Paavo Räisänen

Olen julkaissut aiemmin BoD:in kustantamana useita kirjoja.
Kirjailija sivuni: www.kirja-lakka.com

© 2025 Paavo Räisänen

Kustantaja: BoD · Books on Demand, Mannerheimintie 12 B,
00100 Helsinki, bod@bod.fi
Kirjapaino: Libri Plureos GmbH, Friedensallee 273,
22763 Hampuri, Saksa
ISBN: 978-952-80-9581-1

1

Koitti päivä sovituksen

kun synkät metsät

puhkesivat kukkimaan metsätähdistä

mustikanvarvut

antoivat hedelmiään

mustan ojan vesi alkoi pulputa

kirkasta lähdevettä

vuorille nousi kruunu

voittajan

Sinertävät vedet

kantoivat soutajaa

vesi antoi saalistaan

jossain saaressa

istui nuoripari nuotiolla

rakastunut

makkarat paistuivat hiilloksella

pakki höyrysi kepin nokassa

rauha

oliko rauha totta

ja ikuinen

Hanget hohtivat

kevätauringon kirkkautta

loisti ristiltä valo sovituksen

kirkkaampana hohti ristin valo

autuaiden sieluissa

veri punersi sovituksen merkkinä

tarjosi armoa

Kiveen olivat jääneet

sodan merkit

iskut olivat kaivertaneet siihen merkkejä

taistelujen melskeistä

lensi kirkas enkeli

puhdisti

jäljet

jäljelle jäi kivi

sateen pesemä

Sieni

kasvoi kankaalla

odotti poimijaa

joka metsästäisi sen vakkaansa

sen juuret olivat imeneet

maan nesteet

sammalet

ympäröivät sen asuinsijaa

jäkälien kanssa

lähellä kasvoi piikikäs pensas

ei siinä ollut piikkejä

lehdet olivat sen kaunistus

vihertävät

nousi komea kuusi metsässä

kapea

se oli

kuin kynttilä muotonsa

naavat roikkuivat sen oksilta

mänty

yksinäinen kuusikossa

vihersi ikivihreänä

lintu

yksinäinen

istui sen oksalla

teeri

2

Taivas löi tulta

jyrinä pauhasi

kun laki annettiin Siinailla

suurempi tuli ristin päällä

julisti armoa

ei poistanut lakia

toi sovituksen

Siinaillako tuomio

"laki on hyvä"

ilmoitti Jumala Paavalin kautta

laki suojelee elämää

armo kuuluu uskovalle

ei laki ole tuomio

sille

joka uskoo Kristukseen

jo Vanhan Testamentin uskovaisilla

oli lupaus

lupaus täyttyi ristillä

veriuhri edestämme

annettu

ihmisessä oli himo

jo kun hän syntyi

Jumala loi sen

tarkoitti hyväksi

tarkoitti toteuttaa sen

lapsivuoteen vierellä oli saatana

keksi opin seksuaalisuudesta

sanoi

himo on hirvittävä synti

sanoi

hänet tuomitsi Jumala himosta poikaan

saatana

saastutti himon

teki siitä synnin

käärme.mies.

enkeli ilman siipiä.

vanha mato

menetti Jeesukselle miehen jo taivaassa

karkoitettiin maan päälle

vainoaa ihmistä

saa miehen takaisin

vain huorintekona

poika on hänen suurin himonsa

viettelee naisen

käyttää aseenaan.

sanoo

nainen on käärme

tekee itsestään uhrin

liehittelijä

piikki

Adam

miksi lymysit

miksi et mennyt suorana Jumalan eteen

tunnustanut langenneesi

olisit saanut anteeksi

synti tuli maan päälle

koska lymysit Jumalaa

pakenit tuomiota synnistä

Jumala on armahtava Isä

et luottanut siihen

oikeudenmukainen tuomiossaan

armahtava tuomio odottaa katuvaa

sillä "joka palaa ja katuu. saa armon"

Jeesuksen luokse palattiin

seipäin ja miekoin

kavaltaja mukana

näin he uskoivat pelastuvansa

surmaavat lain kumoajan

vaikka Jeesus oli opettanut:

"vähinkään rahtu laista ja profeetoista.

ei katoa koskaan"

Lapsen usko

saatana vihasi sitä

"lasten kaltaisten on Jumalan Valtakunta"

opetti Jeesus ja jatkoi:

"joka ei usko.kuin lapsi.ei pelastu"

maailma oli tehnyt huorin

liittyi saatanan leiriin

usko

ilman sitä ei pelastu

Jeesus tarjosi armoa

syntiteistä

sama armo elää edelleen

Siionissa

"älkää olko lapset taidossa.

olkaa lapset pahuudessa"

ei ole oikein uskoa kaikkea

mitä maailma tarjoaa

"lapsi pahuudessa"

lapsella on herkkä omatunto

katuu tekemäänsä pahaa

syntiä

3

Ihminen halusi tuntea ihmisen

miksi

koska hän on kapinassa Jumalaa vastaan

ei Paratiisin lankeemus ollut houkutus hedelmään

vaan halu tietää kaikki kuin Jumala

olla Jumalan vertainen

sama himo ihmisellä edelleen

vain Jumala tuntee ihmisen

ihmisen salaisuuden

Ihminen tutkii

on utelias

mistä on uteliaisuus

halu tietää

mitä Jumala ei kerro

käärme odottaa tiedon päässä

kertoo

valheen

todistaa valheen todeksi

syntyivät suuret opit

valhe niiden perusta

ihmisen himo

syntiinlankeemuksesta tarttunut

tietää kaikki

kuin Jumala

aate jalo

ilman Jumalaa

Hänen Sanansa tunnustamista

kääntyy usein Jumalaa vastaan

opista tulee elämää tuhoavaa

vihollisen ansa

jalo aate

pyrkii luomaan hyvän ihmisen

hyvä ihminen on petos

jonka saatana loi

menestys.kunnia.rahanhimo

ne ovat Raamatun mainitsemat pahat himot

saastaisen himon ohella

Jumalan ihmisen lihaan luoma himo

ei ole synti

jos sitä ei saastuta

antikristus

on saatanan olomuoto

jossa ovat henkivallat mukana

tekevät vääristyneen Jeesuksen

voivat tehdä jumalan

ne kertovat Jeesuksen tehneen huorin

luovat enkeleitä kuviin

jotka ovat vihollisesta

väittävät olevansa Jumalan

sielunvihollisen petos

synti sai aikaan

sillä sielunvihollinen saa valtaa

kun synti kasvaa suureksi

tulee Jumalasta luopuminen

omat teot

Sovituksen Sana

kaikuu Siionista

tuo viestin ristin voitosta

viesti annettiin jo taivaassa

ennen kuin ihminen ja koko maailma luotiin

"luo Sinä.Minä lunastan"

sanoi Poika Isälleen

ristillä lupaus täytettiin

Ihminen on syntinen
paha ei ole oikein olla
hyvä ihminen ei ole
saatana opettaa hyvän ja pahan taistelusta
se on itse kumpaakin
taistelee itseään vastaan
saa aikaan harhaoppia
mutta:
"uskoa itsensä pahana pyhäksi.
syntisenä vanhurskaaksi"
emme voita maailmaa
sen pahuutta
se tarttuu matkamieheen
saa aikaan syntiä
armon lähteistä
toisen matkaajan saarnaamana
on hyvä ammentaa Evankeliumia
Jeesuksen veri
Hänen nimensä
puhdistaa synnistä

4

Evankeliumi on Pyhän Hengen virka
ei sanan virka
pelkkä sana on kuollut
henki tekee eläväksi
ennen uskonut
omistaa Pyhän Hengen
virka Jumalalta annettu
jo ensimmäiselle ihmisparille

"Jeesuksen Nimessä ja Veressä"

vankka pohja Raamatussa

"Saarnatkaa nimessäni parannusta"

"Ilman veren vuodatusta. Ei ole yhtään syntien anteeksi antamusta"

Sana

annettu

Pyhän Hengen virka

"Portot ja publikaanit.

menevät teidän edellänne Jumalan Valtakuntaan"

saarnasi Jeesus

"Eivät terveet tarvitse parantajaa.vaan sairaat"

opetti

Syntisen naisen ja miehen

Jeesus kutsui hääaterialle

tarjosi parannusta

eivät ne

jotka ovat ottaneet opit

sivistyneestä huorinteosta

tarvitse parantajaa

vaan syntisairaat

jotka tuntevat syntinsä

eivät ole turruttaneet omaatuntoaan

harhaopeilla

Kaikkia Jeesus kutsui

kaikilla ei ollut tarve tulla

kuunnella kutsua

heillä oli omavanhurskaus

oma Jeesuksensa

jonka antikristus kertoi

sillä kun Jumala antoi lupauksen Pojastaan

ensimmäiselle ihmisparille

loi saatana oman kadotuksen lapsensa

ensimmäisen antikristuksen

huorintehneen pojan

joka oli hyvä

hän perusti oppeja

vietteli ihmisiä

Kaduilta ja aitovieriltä

syntisiä.vaivaisia.

Jeesus lopulta kokosi.kutsui.

aterialleen

mutta: "ei Hänen ääntään pidä kuultaman kadulla"

yöjuoksu kadulla

päättyy helposti turmioon

ovet Siionin ovat auki

kutsuvat

Himon loi Jumala

tarkoitti puhtaaksi

siemenen lasku ei olisi synti

mutta tuskin saa puhdasta himoa

sillä synti vaikuttaa ihmisessä

ruma siemenen lasku on huorinteko omassa lihassa

syntiä ei kuulu rakastaa

mutta vihaan syttyminen on synti

väärä aistillinen rakkaus uhkaa

sillä maailma on petollinen

armon lähteet ovat auki

Jumala muistaa.armahtaa syntistä

Evankeliumi on voima

anteeksianto

matkalla

5

käärme on mies

enkeli ilman siipiä

Paratiisista karkoitettu

miehetön

viettelijä

liehittelijä

viettelee naisen salaisesti

tekee naisesta käärmeensä

viettelijän

käärme

Paratiisista karkoitettu

meni pimeyteen

sai miehen huorinteossa pojan kanssa

perusti valtakuntansa

Jeesus rikkipolki hänen päänsä

ajoi pimeyteen

elää siellä

ei usko tappiotaan

tunnusta

nousee esiin

kun luopumus Jumalasta kasvaa suureksi

aikamme

luopunut

käärme.mies.

saatana ihmislihassa

tekee huorin naisia

nainen on avuton

käärme kertoo naiselle hänen seksuaalisuutensa

nainen ei ymmärrä

mitä tapahtui

uskoo kerrottuun

ei voi koskaan paljastaa salaisuutta

levittää opit

käärme on herrasmies

ei paljasta salaisuutta

kuka oli takana

taikuus.noituus.

ihminen yritti voittaa järjellä

saatana riemuitsi

alkoi yhteistyöhön

antoi tietoa

valehdeltua

valvoi pimeydessä

kuinka ihminen lankesi uskomaan häneen

johti kaikkea

sillä taikuus ja noituus ovat totta

hirveä synti

taikuudesta ja noituudesta tehtiin viihdettä

uskottiin järkeen

jota saarnattiin

että ne eivät ole totta

vain ihmisen kuvitelma

uskomuksia

saatana valvoi valtakuntaansa pimeydessä

hurrasi

kuinka ihminen ei uskonut Jumalaan

joka oli varoittanut kaikesta

keräsi omiaan

sitoi kahleisiin

Kristuksessa on yhä vapahdus langenneella

Hän on syntisten ystävä

vapauttaa synnin kahleista

katuvan

Syvyyden kaivo on auennut

Jumala ei ole luonut sitä

se on saatanan luomus

hän on vuosituhansia kerännyt sinne paheita

mystisiä oppeja

nyt hän pyrkii tuomaan kaiken julki

suuri on hänen verkostonsa

petos

johon ihminen meni

ihminen voi ilman Jumalaa hallita kaikkea

luopumus tapahtui

vielä kutsutaan takaisin

Jumalan Valtakunnan ovet ovat avoinna

katuvalle

muinaiset hovit

tunnettiin viettelevät naiset

hekö pahimmat

vain harva tiesi salaisuuden

hovissa oli herrasmies

saatana ihmislihassa

sai kaiken aikaan

kylvi eripuran

teki huoruuden

sai aikaan sotia

sivistyneet juomapöydät tänään

hänen lempipaikkojaan

jonne kerätään valta.tieto.

tämän ajan

6

sukupuoli on synnynnäinen

määriteltävissä

saatana keksi käyttää viatonta

Jumalan transvestiitiksi luomaa hyväkseen

sotkeakseen sukupuolet

ettei elinten perusteella voida sanoa

sukupuolta

kadotukseen kasvatetut lapset

riistetyt sukupuolet

oikeus olla mies.nainen.tyttö.poika.

ihminen

sitä saatana vihaa

onnistui

sai lapset

odotti sitä päivää

se tuli

tapahtui luopumus

saatana sai valtaa

nosti luomuksensa antikristuksen

osaa sanoa olevansa Jumala

luo henkimaailman jumalia

sanoo olevan useita jumalia

On vain yksi Jumala

Häntä palvelevat lähes kaikki uskonnot

kristinusko lankesi

monet ottivat antikristuksen

jokaisella on herransa

on vain kaksi herraa

Jumala ja saatana

saatana on tämän maailman ruhtinas

tarjoaa ajallista hyvää

mitä Jeesus opetti:

"luopukaa kaikesta ja seuratkaa minua"

Jumala antaa armossaan meille

tarvitsemamme hyvän

maallisen tavoittelu

johtaa turmioon

lapset

saatana on aina halunnut saada heidät

opetti

tyttö ja poika ovat kuin samaa sukupuolta

sukupuolen voi valita itse myöhemmin

sai kannatusta

kun luopumus Jumalasta sai valtaa

opetti homouden.lesbouden.

jotka ovat saatanan saastuttama himo

kasvatuksella korjattavissa

vietit

aistillisuus

saatana sai aikaan ihmisessä saastaisen himon

hänellä on valtakuntansa

josta sitä tarjoaa

ihmisellä ei ole viettejä

ihmisessä on Jumalan luoma himo

himo voi olla rakkautta

kun se on puhdasta

saatana keksi ihmiselle vietit.kuin eläimelle.

pyrkii tekemään ihmisestä eläimen kaltaisen

Raamattu sanoo:

"eipä ihminen paljon eläimestä poikkea"

miksi

ihminen on iänkaikkisuusolento

jolla on kuolematon sielu

tuntee Jumalan

saatana muokkasi jo varhain

ihmiselle eläimen kaltaiset himot

ne saa aikaan synti

synnistä on tehtävä parannus

luovuttava saastaisesta himosta

Jeesus on voittanut saatanan vallan

Hänessä on voitonlippumme

ihminen ei ole eläin

ei eläimen kaltainen

Jumala yksin tuntee ihmisen

Hän on turvamme

Jeesuksen veressä

sovinto

Isän edessä

syntien anteeksiantamus

käärme.mies.

vihasi lasta

lapsen uskoa

hän tiesi

mies ja nainen ovat täysin erilaisia

teki heistä toistensa kaltaisia

sotki sukupuolet

hän oli tehnyt huorin naisen kanssa

opettanut tasa arvon

sanonut järkyttyneelle naiselle

olen palvelijasi

saat naisen oikeudet

sillä saatana.käärme.

vihaa ihmistä

ihmisen tuohoaminen

uskon raiskaaminen

on hänen suurin himonsa

nainen ja mies ovat samanarvoisia Jumalan edessä

heillä on erilainen osa kannettavanaan

he eivät ole samanlaisia

Paratiisissa asetettiin vaino

vaimon siemenen ja käärmeen välille

Jeesuksen ja saatanan välille

avioliitossa mies ja vaimo täydentävät toisiaan

eivät ole kilpailijoita

juureton ihminen

huorin tehnyt

etsii oikeuksiaan

uhmaa Jumalaa

palkka maksetaan

matkan lopussa

viimeiselle tuomiolle saapuvat kaikki

ja kaikki ovat liha

noidat.kuivettuneet raadot.

sillä ihminen on liha

ja kukin saa sen jälkeen

mitä lihassansa tehnyt on

autuas se

jonka synnit olivat anteeksi